AF365393

coccinose

Les carnets de piano et chant de
Cornemuse Żac

Forte Piano

Les éditions de  La boite à ouvrage

Conception visuelle et infographie

Cornemuse Żac

La boite à ouvrage éditeur

lbao.ca

Dépôt légal - Bibliothèque et Archives nationales du Québec 2023

ISBN 9-782925-339021

Cornemuse Żac

Je suis née dans la
caisse d'un bon
vieux piano.
J'ai appris à
marcher sur les
notes et à faire
danser mes doigts
sur des harmonies.

Je vais te montrer
tous mes trucs de magie
en chantant au piano.

Comment ça fonctionne ?

 Si vous ne savez pas du tout lire la musique, cherchez un bon professeur ou une personne qui sait un peu lire au piano pour vous aider!

 Si vous savez lire un peu la musique au piano, vous devriez pouvoir réussir les exercices avec l'aide des tableaux, des MuseScores et des vidéos.

Prenez le temps de bien réviser les tableaux et assurez-vous de bien les comprendre.

Tableau des symboles musicaux

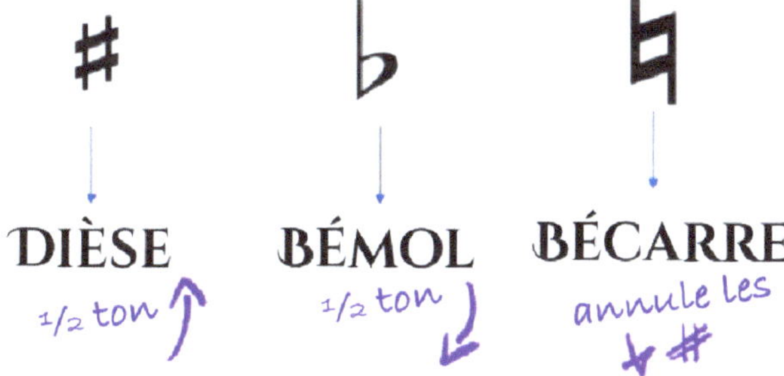

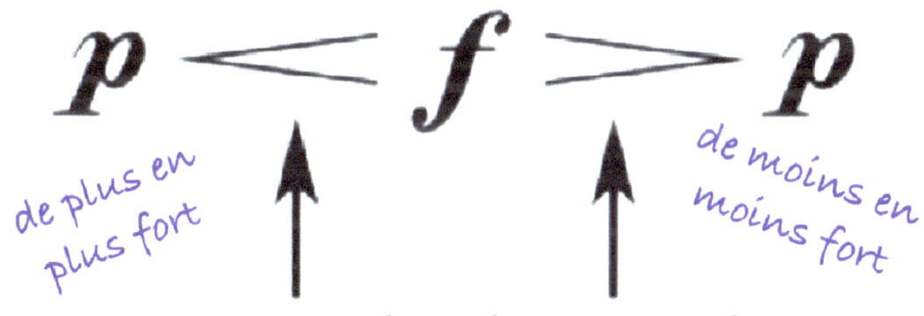

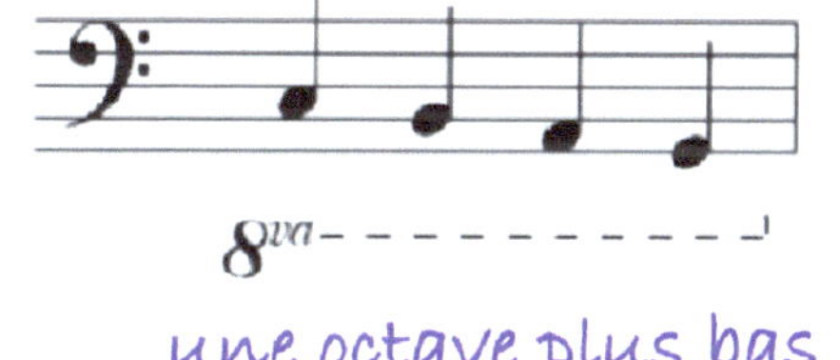

Tableau des notes

Toutes les notes du piano
sur la grande portée

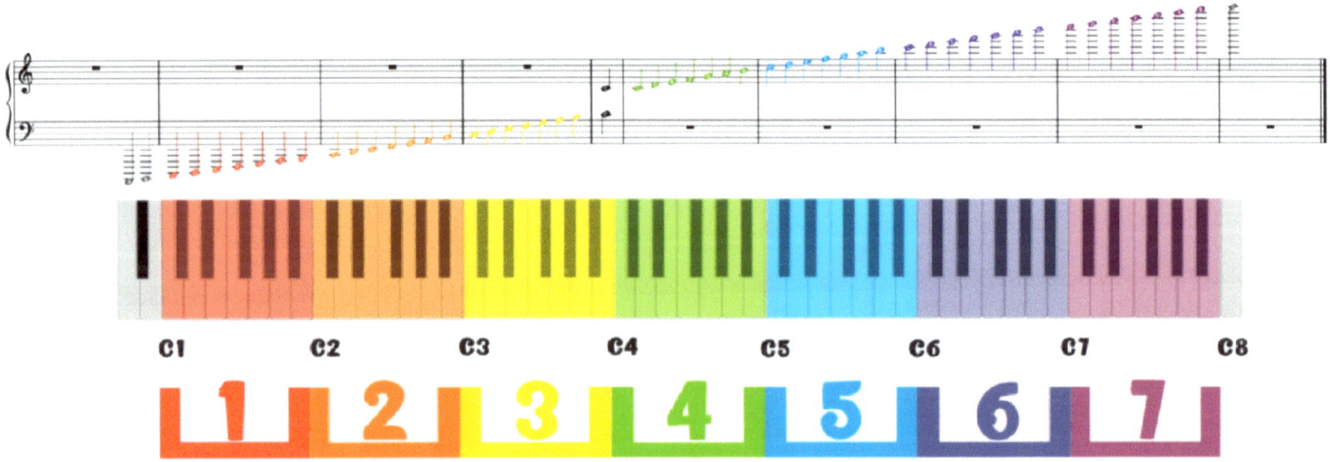

C1 C2 C3 C4 C5 C6 C7 C8

1 2 3 4 5 6 7

Position au piano

Dos droit

Pieds à terre

S'asseoir sur le bord du banc

Yeux sur la partition

Bras parallèles au clavier

Êtes-vous prêt ?
Gio

Légende

Notion — Section qui introduit le thème du carnet.

Exercice — Section d'exercices techniques.

Vocal — Exercices vocaux.

Accord — Apprentissage des accords.

Rythme — Section de travail rythmique.

Lecture — Section où l'on travaille la lecture à vue

Théorie — Section de travail théorique.

Mémoire — Section de répertoire à apprendre par cœur.

Évaluation — Section avec pièce principale, petite évaluation de compréhension et composition.

Passeport — Section où l'élève obtient son estampe de passage.

Notion

Forte
Jouer fort

Piano
Jouer doux

Exercice

Coccinotes

♩ = 100
C
G7
C
Jouer la MD (main droite) une octave plus bas!
f
1.

♩ = 100
C
C6
CMaj9
C
Passer graduellement de Piano à Forte
p
f
2.

Vocal

Vocal
♩ = 80
C
CMaj9
G7
C6
Ooh
Ooh
Ooh
Ah
1.
(So)
(Do)
(So)
(Do)
(So)
(Do)
(So)
♩ = 100
C
F
C6
F
C
F
C6
Ah
Oh
Ta da Ta dam Ta dey
C
F
C6
F
C
F
C6
2.

L'accord de Do

C

Do 1
Mi 3
Sol 5

3Maj
3min

Csus4

Do 1
Fa 4
Sol 5

1 ton(e)

C6

Do 1
Mi 3
Sol 5
La 6

1 ton(e)

CMaj9

Do 1
Mi 3
Sol 5
Si 7
Ré 9

3Maj
3min

Rythme

1.

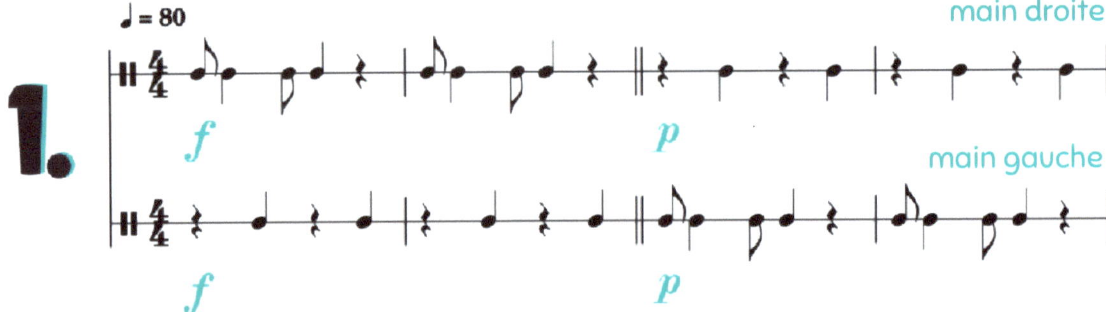

Frappez ces rythmes simultanément.

2.

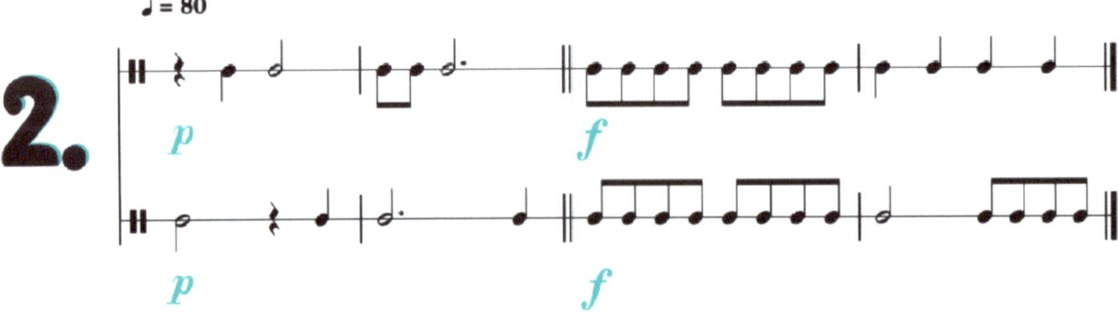

Lecture à vue

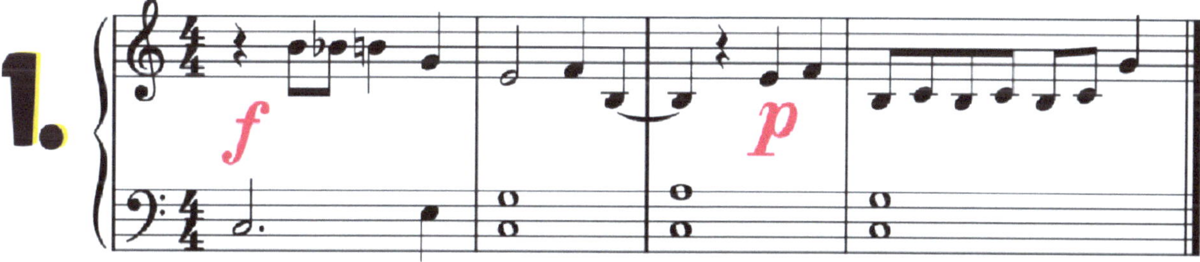

Théorie

f
Forte

p
Piano

ff
Fortissimo

pp
Pianissimo

fff
Fortississimo

ppp
Pianississimo

Mémoire

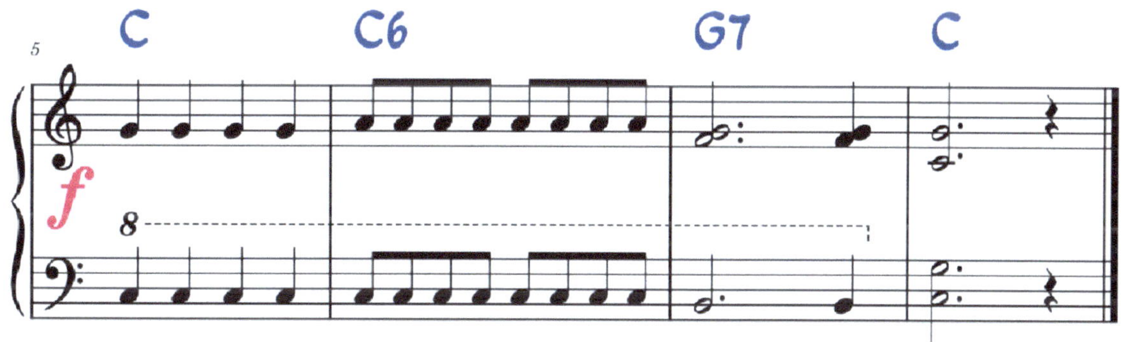

Après la tempête
ÉVALUATION

Après la tempête

Après la tempête

Après la tempête

Évaluation

Après la tempête

Écrire un second couplet et refrain en vous assurant de :

1. modifier légèrement la mélodie ;

2. utiliser une substitution/variation sur l'enchaînement des accords du refrain (en modifiant la basse par exemple) ;

3. déterminer quelles sections seront *forte* ou *piano*.

Faites une vidéo!

Évaluation

FF est plus _Fort_ que PP

P est plus _Fort_ que F

PPP est plus _Doux_ que PP

F est moins _Fort_ que FF

PP est moins _Doux_ que P

FFF est plus _Fort_ que FF

F est plus _Doux_ que P

P signifie _Piano_

PP signifie _Pianississimo_

PPP signifie _Pianissimo_

F signifie _Forte_

FF signifie _Fortissimo_

FFF signifie _Fortississimo_

coccinotes.contactin.bio

Visitez notre site Web pour obtenir les modèles à imprimer et remplir ainsi que les MuseScores ou trames d'accompagnement.

Félicitations!!!

Nom :

Benju Gamelan

Date : L'année du dragon

Forte & Piano
Carnet Piano et Chant

Pourquoi de la musique ?

Histoire

La musique a été présente à TOUTES les époques

Éducation physique

Nécessite la COORDINATION des DOIGTS, des LÈVRES et le CONTRÔLE de notre dos et les muscles du ventre

Mathématique

La musique est un RYTHME basé sur la division du temps en FRACTIONS

Langues
La musique est un langage UNIVERSEL

La vie
C'est pourquoi notre coeur BAT

Lecture
Lire de la musique nécessite des compétences qui aident à maintenir L'ALPHABÉTISATION

Les arts

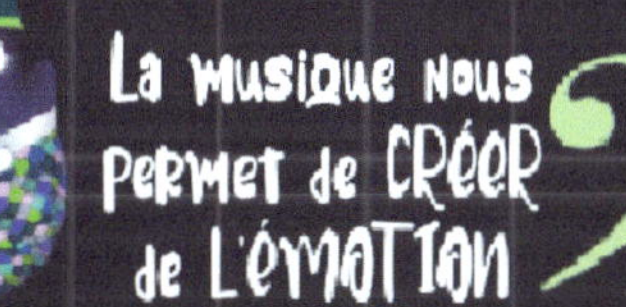
La musique nous permet de CRÉER de L'ÉMOTION

Science

La musique c'est L'ACOUSTIQUE ET LES FRÉQUENCES produites par les VOIX et les INSTRUMENTS

Coccinotes

Coccinotes
Coccinotes
Coccinotes
Coccinotes

www.ingramcontent.com/pod-product-compliance
Lightning Source LLC
LaVergne TN
LVHW071617180726
843512LV00003B/663